I

Eine Berührung
Eine Vereinigung
Ein neues Leben
Warten.

Ist es nicht schön?
Ist es nicht hässlich?

Die Kopie
Das Heranwachsen
Die Weisheit
Ende.

II

Mann, hat mich nicht gefragt, ob ich will.
Frau, interessierte es ebenso nicht.
Ich würde am liebsten nicht.
Doch gehe ich das Spiel ein,
welches neben dem Anfang auch ein Ende
hat.
Der Verlierer bin ich.
Immerhin habe ich mitgespielt.
Eine zweite Partie ist zuviel.

III

Kreaturen sind wir Alle.
Kreaturen haben ein Recht zu existieren.
Menschen verstoßen dagegen.
Zerstörung und Ausrottung sind das Werk.

Leben tun wir Alle.
Leben ist ohne ein Anderes unmöglich.
Menschen sind nur blind.
Blut und Innereien dienen als Stimulanz.

Tod betrifft uns Alle.
Tod ist unvermeidbar.
Menschen sehnen ihn herbei.
Die Erlösung kommt immer näher.

IV

Eine Person lebte
Und starb dabei.
Sie fühlte sich gefangen.
Freiheit sehnte sie sich herbei.
Sie nahm diese
Und ward aufgehangen.

V

Eine Geburt gleicht einem Begräbnis.
Beides feierliche Anlässe.
Der erste Anlass steht für das Erwachen.
Der letzte Anlass steht für den Schlaf.

VI

Es gibt eine Grenze von
Freude und Trauer.
Letztgenanntes ist nicht erstrebenswert,
Aber unvermeidbar.
Da sind Tage,
Die man zusammen verbringt.
Dies ist endlich.
Auf diese Tage folgen die Leere.
Diese ist unendlich.
Eine Zeit der Sorglosigkeit ist die Schönste.
Doch muss sie enden.
Kampf und Resignation folgen.
Entweder dauert sie an
Oder sie schwindet.
Tritt der Schluss ein wird Vergänglichkeit
sichtbar.
Es zählt sie vereint zu überwinden.
Die eigene Existenz aufrechterhalten.
Hat man nichts wird man früher als erwartet
von ihr eingeholt.

VII

Der ehrlichste Film ist der eigene.

Bilder von

Gestern und Heute werden abgespielt.

Schöne und hässliche Momente rufen einen

wach.

Für die Geschichte gibt es keine Kopie.

Jede ist einzigartig (und bleibt es auch).

Kein Preis, kein Geld, keine Öffentlichkeit

Gibt es.

Wofür auch?

Muss es sein?

Das Abspielen ist individuell.

Niemand geht einem anderem etwas an.

Jeder Film bleibt einzigartig.

VIII

Existenz ist künstlich oder natürlich.
Sie hat das Lebendige.
Es wird gemacht oder man tut es.
Es gibt kein Falsch oder Richtig.

Vergänglichkeit ist künstlich oder natürlich.
Sie hat das Endliche.
Es wird provoziert oder es folgt.
Da gibt es ein Falsch oder Richtig.

IX

Friede, ein schöner Zustand.
Ruhe, ein Moment der Besinnlichkeit.
Natur, ein Faktor der Lebensnotwendigkeit.
Tiere im tiefen Grün gehen zu ihm.
Er hält Dich zusammen.
Trauer unterlassen ist abscheulich.
Genieße es und nutzen ihn,
Um Dich zu sammeln.
(Egal ob,) alleine oder gemeinsam.
Gehe zu dem Ort deiner Ahnen.
Besuche die ruhenden Anonymen der
Landschaft.
Er ist friedlich, erhaben und mächtig.

Ich bin davon überzeugt.
Meine letzte Ruhe soll da nicht gefunden
werden.
Doch ist dieser Platz magisch.

X

Es gibt böse Zungen die behaupten,
Dass Gott Dich nach deinem Ebenbild
erschaffen habe.
Demnach hat Gott viele Gesichter.

Es gibt Dogmen die besagen,
Dass sündiges Leben Dich in die Hölle
bringen kann.
Demnach darfst du nicht du selbst sein.

Es gibt auch Menschen die glauben,
Dass Gott gestorben sei.
Demnach sei das Leben nicht lebenswert.

Wo ist die Hoffnung?
Was ist aus der Liebe geworden?
Wann ist Zusammenhalt kein Fremdwort
mehr?

Es gab einmal einen jungen Menschen, der

den Armen Hoffnung gab.

Er musste dafür mit seinem Leben zahlen.

Ein Anderer bewies, dass Revolutionen auch
friedlich sein können.

Er wurde Opfer eines Attentäters.

Ebenso gab es einen Pazifisten, der mit
Musik die Welt verändern wollte.

Er wurde auch Opfer eines unnatürlichen
Todes.

Hoffnung,

Liebe,

Zusammenhalt

Sind mehr als Worte.

Humane Predigten, Reden, Schriften sind
gut.

Taten, die diese Ideen umzusetzen
versuchen sind besser.

Veränderungen, die diese Ideen
verwirklichen sind am besten.

Mache das Leben lebenswert und

Lass nicht darauf warten.

Der Kopf ist zum Denken und fürs Handeln
da.

XI

Lust ist unverzichtbar.
Erotisch muss sie nicht sein.
Begierde ist
Ein Verlangen nach einer
Neuen Partnerin.

Trauer hat verschiedene Gründe.
Obhut kann die
Depressionen bekämpfen.

XII

Zwei minus eins.

Wie ein Verlust der keiner ist.

Man kennt ihn.

Man kennt ihn wirklich nicht.

Denkt man darüber zu sprechen,

Wiegt der Verlust wie ein Hindernis.

Worte werden gemieden.

Gedanken kommen nicht abhanden.

Späße sind respektlos.

Anstandshalber.

Respektvoll.

Ignorant.

Wie ein Verlust der keiner ist.

Eins minus zwei.

XIII

Lichter fluten den Dschungel.
Relikte vergangener Zeiten erinnern.
Wenn die Sonne erwacht,
Kommt der Trouble.
Geht sie schlafen,
Ruht er.

Blühende Bäume kommen sich einsam vor.
Tiere verkriechen sich in das Grün.
Sie scheinen entfremdet.
Kinder spielen im Freien.
Sie sind traurige Ausnahmen.

Hektik bestimmt das Treiben.
Ruhe ist eine Perversion.
Sie ist ein faules Licht.
Wenn die Straßen sich lichten ist es spät.
Nichts erinnert was war.

Rauch ist eine normale Ästhetik.

Kämpfen gehört zum guten Ton.

Entfremdung und Sterben bestimmen das
Bild.
Interessen sind heilig(er als alles andere).
Anonymität gehört zum Privileg des
Schlauen.
Inspiration wird aus der Quelle des Lebens
geschöpft.
Einsamkeit als Individuum steht der Vielfalt
gegenüber.

Wenn Du dahin gehörst gibt es vieles zu
verlieren.
Wenn Du dich einlässt kannst Du auch
gewinnen.

XIV

Ein Blick im Spiegel zeigt das Lebendige.
Ein Blick in sich erhascht das Abgestorbene.
Der Kontrast der keiner ist.
Auch das Äußere hat tote Stellen.
Neben dem Feuer gibt es Narben.
Anderes ist paradox.

Wie soll man tiefe Blicke erhaschen bei
einem fremden Tränenmeer?

XV

Vorhang auf!

Trommeln werden bedrohlich gewirbelt.
Ein unverkennbares Lied wird indoktriniert
gesungen.
Jeder steht stramm und still.
Nur einer befiehlt und lässt gehorchen.
Gelernt wird was nach Schauspiel aussieht.
Traurigerweise ist es Realität.
Alles menschliche geht verloren.
Von jeder Scham abgesehen.

Humanität ist ein Unwort.
Das Recht des Stärkeren wird propagiert.
Tod und Überleben werden neu definiert.
Leben und leben lassen ist die Devise.

Der Abzug muss bedient werden.
Das Land hört nur noch Lärm
Den Vögeln wird es gleichgemacht.

Die Gewässer haben keine Ruhe.

Propaganda bringt Aufmerksamkeit.

Der Zweck heiligt die Mittel.

Lachende Menschen sehen anders aus.

Fremde, die durch ein Tor gehen wirken

verdächtig.

Versprochene Freiheit ist Balsam.

Zeugen sehen die Angst

Es gibt zwei Optionen:

Trauer oder Freude!

Gesagtes ist zweideutig.

Traue schwer einem Fremden,

Den Du zu kennen meinst.

Geschehenes kann nicht rückgängig

gemacht werden.

Lasse es nicht soweit kommen.

Gibt es überhaupt Moral?

Wurde die Wahrheit nicht schon begraben?

Werden Lügner mal bestraft?
Sind sie nicht unerreichbar?

Ein Ende ist nicht in Sicht.
Geschichte wird wiederholt.

Vorhang zu!

VXI

Eine Erscheinung wie Du und Ich.
Eine Erscheinung als Scheinvorstellung.
Eine Erscheinung als Allgegenwärtiges.
Eine Erscheinung als Trugschluss.
Eine Erscheinung als Angstfaktor.
Eine Erscheinung als Phänomen.

Menschen haben es schon gesehen.
Sie meinen mit ihr Kontakt aufnehmen zu
können.
Es gibt sie in vielen Varianten.
Orte werden von ihr heimgesucht.
Gefahr geht nicht von ihr aus.
Aus der Obrigkeit meinen Besserwisser ihr
Dasein zu widerlegen.
Die Fakten sind logisch und unglaubwürdig.
Spaß wird getrieben um sie nicht zu
verletzen.
Doch ist es auch eine Freude an ihrer
Existenz zu manipulieren.

Es ist schwer aus Quellen zu wählen.

Es liegt an sich das Dasein zu hinterfragen.

Es gibt genug Material.

Es gibt genug Plätze.

Es ist eine Frage des Mutes.

Es ist auch eine Frage der Zeit.

Mache Dich auf die Suche.

Komme zurück

Und berichte.

XVII

Eine morbide Stimme spricht.
Das zweite Ich meldet sich.
Es ist soweit.

Fremd
Traurig
Wütend
Entschlossen.

Der Weg ist weit.
Jeder Schritt führt zum Ziel.
Es ist schon nahe.

Anonym
Unschuldig
Vergessen
Unglücklich.
Endlich am Ziel.
Sie stehen da.
Es wird vollbracht

Tod

Geschunden

Verraten

Festgenommen.

XVIII

Die Tür ist geöffnet.

Gehe hinein.

Verdächtige Freude erfüllt den Raum.

Musik, Spiel und Tanz bestimmen das
Geschehen.

Ignoranz entblößt sich von allen Seiten.

Ein fragender Blick sucht vergebens.

Die Tür ist geschlossen.

XIX

Rauch stieg empor.

Geister wurden zelebriert.

Gesichter kamen schwebend hervor .

Das Ritual wurde praktiziert.

Musikalisch wurde getobt.

Trommeln haben neues Leben erwacht.

Sie haben sich ausgetobt.

Normalität hat Geschehenes vergessen

gemacht.

XX

Du warst schön, unschuldig und
vollkommen.
Ich war nicht existent.
Worte wurden gewechselt.
Sie waren bedeutungslos.
Schmerz und Leid waren die Folge.
Du bist schuld.

Doch du weist nicht.
Dein Abbild deinesgleichen umgibt das
Puppengesicht.
Deine Haarsträhnen umgeben ihre
Kopfhaut.
Ihre Kleidung entspricht deiner Garderobe.

Du warst forsch und wurdest genommen.
Ich fühlte mich gekränkt.
Zärtlichkeiten wurden ausgetauscht.
Sie waren unwichtig.
Liebe und Körper sind deine Güter.

Du hast dich selbst betrogen.

Doch endlich kommt dein Schmerz.
Die Nadel trifft deine Augen.
Haarsträhnen werden zerstreut.
Deine Kleidung ist blutbefleckt.

XXI

Der Raum füllte sich mit nackter Haut.
Zusammen wurden sie gepfercht.
Die Ungewissheit nimmt ein Ende.
Aus den Köpfen strömt die qualvolle
Erlösung.
Betäubt fällt jeder um.
Niemand soll das Licht erblicken.

Die Wiese gleicht einem Acker.
Arbeit wird aufgezwungen.
Gruben werden gegraben.
Die Gräber sehnen sich ihrer Zeit entgegen.
Unerschöpft kommt niemand vorbei.
Jeder muss für immer schlafen.

Der Platz gleicht einem Spektakel.
Nebeneinander stehen sie.
Kommandos erfüllen die Leere.
Qualen kommen ihrem Höhepunkt
entgegen.

Erlöst nimmt ihr Schicksal ihre Seelen.

Alle hauchen ihren letzten Atem aus.

Die Schauplätze stellen eine Falle dar.

Der Gevatter ist ausgelastet.

Trauer lässt Blut in die Ufer schwimmen.

Schrecken nimmt kein Ende.

Fragen bleiben. Bilder verschwinden.

XXII

Er nimmt die Zeitschrift des Programms
wegen.
Es läuft nichts gutes im TV.
Da bleibt nur das Umschalten.
Gesichter erscheinen auf dem Bild.
Routine bringt die Selbstaufgabe.
Die Augen schließen sich.
Der Fernseher flimmert weiter.
Zufriedenheit liegt auf seinem Gesicht.
Es ist vorbei.

XXIII

Schwarz auf Weiß.
Ein Kontrast der erschüttert.
Land wird vom beleuchteten Wasser
umgeben.
Sie ist das Opfer.
Angst macht sich breit.
Schrecken ist unabwendbar.

Die Sonne lacht hinterlistig.
Hoffnung hat sich aufgelöst.
Freude ist widerruflich.
Gebannt schlägt das Herz.
Es kann nicht fliehen.
Kein Retter ist in Sicht.

Leben oder Vergänglichkeit.
Ein verzweifelte Frage.
Worte sind unscheinbar.
Die Suche weicht dem Gewissen.
Dein Retter hört dich nicht.

XXIV

Hein erhöre mein Gebet.

Vor Dir ist jeder gleich.

Gib mir ein Zeichen.

Dein Besuch ist allgegenwärtig.

Blasphemie ist mir kein Schaden.

Ich erwarte deinen Ruf.

Du bist ein Phänomen.

Drum höre mich.

Es ist kein Fehlruf.

Hinterlege mir ein Souvenir.

Dann weiß ich mehr.

XXV

Sie war sehr kalt.

Um Gnade flehte sie.

Die Erlösung sollte kommen.

Hände gefaltet als Symbol.

Schwäche überkam.

Freude legte sich über ihr Gesicht.

Sie folgte ihm in das Ungewisse.

XXVI

Aggressive Grundhaltung vereinnahmt dich.
Manisch ist der Blick in deinen Augen.
Obrigkeit ist wertlos wie du.
Keiner kann dir helfen.

Kontrolle über dem Gewissen ist verloren.
Ohnmacht überschattet dich.
Macht über jedes Leben ist in deiner Hand.
Andere Wege gibt es nicht.

XXII

Der Anfang umfasst einen Zustand.

An ihm erinnert sich niemand.

Die Handlung beinhaltet eine Geschichte.

Davon weiß ihr Hauptakteur.

Das Ende kommt schnell.

Daran gibt es keine Erinnerung.

XXIII

Finstere Gestalten treten durch das Tor.
Ihre Herkunft ist unbekannt.
Unfreiwillige Gastgeber verfallen dem
Schreck.
Ihre Handlungsweisen sind unterschiedlich.
Ihre Schatten drücken eine gespenstische
Stimmung aus.
Leuchtende Lichter drücken die
Entschlossenheit aus.
Ohnmacht lähmt die verbliebenen Optionen.

Einem Buch werden Zitate entnommen.
Das Instrument reißt Zeichen in das Fleisch.
Frische Graffitis werden an die Wand
gemalt.
Ein Schrei bringt keine Rettung.

Das Werk ist vollbracht.
Der Körper und die Zeichen erinnern an die
Nacht.

Die Priester des Ritus haben sich aufgelöst.

Auf Papier steht am nächsten Tag vom

erblickten Resultat.

Wirklichkeit sieht anders aus.

XXIX

Ein leeres Glas wird durch Sinn gefüllt.
Alles ist wieder schmerzfrei.

Ein volles Glas wird durch Sinnlosigkeit
gelehrt.
Nichts ist mehr unmöglich.

XXX

Die Sonne geht auf. Ein neuer Tag ist
erwacht.
Nutze ihn. Er läuft dir davon.
Zeit lässt sich nicht bestimmen.
Erwache auch du. Sei der Hauptcharakter
deines Tages.

Der Mond geht auf. Eine neue Nacht bricht
an.
Nimm dir die Chance.
Oder du bereust es. Zeit lässt sich nicht
aufhalten.

XXXI

Findest du die Liebe, so folge ihr.

Unberechenbar wie sie ist.

Freud und Leid sind nah bei ihr.

Das Schicksal gibt keinen Schimmer.

Entweder trifft dich der Pfeil der

Leidenschaft

Oder das Schwert des Leid hat dich

hingerafft.

Schön oder hässlich kann sie sein.

So trete in ihr hinein.

Ewiges Leben ist nicht die Option.

Endlich fallen ist der Lohn.

Innere Wunden können heilen.

Im Jenseits muss jeder weilen.

XXXII

Die Zeit heilt alle Wunden heißt es.
Eine Weisheit schlau wie jede andere.
Zeit läuft davon. Die Narben bleiben.

XXXIII

Hier sind sie zusammengepfercht.
Ihre letzten Stunden laufen ab.
Die Züchtung hat nur einen Zweck.
Leben ist sinnlos. Der Leib ist goldwert.

Es erinnert an vergangene Zeiten.
Weit und breit sind Menschen wertlos.
Nur die Herren sind es wert.

An den Harken hängt es sich nicht
gemütlich.
Es ist nicht des Schächters Problem.
Gehen wird jeder.
Fressen und gefressen werden spricht die
Natur.
Man tut nur seine Pflicht.
Geld ist Geld.

Es erinnert an vergangene Zeiten.
Weit und breit sind Tiere wertlos.

Nur normale Tiere können leben.

An den Pranger werden die Täter nicht
gestellt.
Es sind Märkte, die bedeutend sind.
Dekadenz geht vor Vernunft.
Ignoranz frisst die Seele auf.

XXXIV

Ein Blick auf den Bildschirm genügt.

Helden in opulenter Gestalt.

Es ist verbrauchte Zeit.

Kein Zuschauer will es wissen.

Sieger müssen gefeiert werden.

Sei es auch kein Abbild der Realität.

Blut,

Zerstörung,

Explosionen,

Opfer gehören zum Werk.

Leben wird verkörpert.

Es stirbt das eigene Ich.

Alles ist grausam.

Deshalb guckt man in die Röhre.

XXXV

Das Ticken der Uhr scheint bedrohlich.
Die letzten Züge werden ausgehaucht.
Die versammelte Sippschaft wartet.

Das Klingeln ist unüberhörbar.
Das Tränenmeer ist tief.
Die Uhr steht still.

XXXVI

Das Ticken der Uhr ist bedrohlich.

Die letzten Züge werden ausgehaucht.

Die versammelte Sippschaft.

Das Klingeln ist unüberhörbar.

Der Tränenfluss ist groß.

Die Uhr ist abgelaufen.

XXXVII

Ich habe ihn,
den viele vermissen.
Mein Funke glüht.

Seelen werden zerstört.
Schmerz vereinnahmt sie.
Qualen sind unheilbar.

Gemüter sind schwach.
Stärke wird von Schwäche überwältigt.

Halte ihn am Leben.
Vertraue ihm.

Wenn es so einfach wäre.
Die Welt ist anders.
Falsches nimmt den Verstand ein.

XXXVIII

Ich war im Nichts.
Sonne schien auf mein blasses Gesicht.
Vögel sangen vom Leben.
Ruhe war ein genießbares Gut.

Hier liegt jemand, der mich kannte.
Wenn er mich sähe, freue er sich.
Der Trost ist ihn zu kennen.
Erinnerungen sterben nicht.

Ein Mensch der mir viel bedeutete.
Mein Herz gehört ihm für ewig.

XXXIX

Du bist gefangen.
Neben den Regeln hast du dich bewegt.
Sie bewegen sich auch abseits.
Der Raum reicht nicht zum Atmen.
Reue oder Krankheit bestimmen das Sein.
Konventionell bist du anders da.
Es ist zu spät.
Die Uhr läuft ab.

Eine Minderheit, die verloren ist.
Eine Minderheit, die verloren hat.

Die Ungewissheit ist groß.
Innerhalb der Gesellschaft wird deine Strafe
gelobt.
Es ist reine Scheinheiligkeit.
Die Regeln stehen der Zeit nach.
Druck und Erwartungen stehlen die Luft.
Geschehenes ist vergangen.
Die Lobby ist schwach.

Urteile lassen sterben.

Töten und Leben.
Widersprüche sind das Rezept.

Herstellung und Verlag:
Books on Demand GmbH, Norderstedt
ISBN 978-3-8370-5053-0